BAUSTEINE

Heimat- und Sachunterricht 1

Neubearbeitung

Bayern

Erarbeitet von
Herbert Dettweiler, Wolfgang Frank,
Gabriele Lommer, Margret Lorenz,
Brigitte Schmid, Helmut Schmid,
Silke Siegmund, Silvia Startz und
Bernhard Utz

Diesterweg

INHALT

Symbole:

Denk-mal-nach-Seiten

Beobachten

Erkunden

Etwas herstellen

Experimentieren

Informationen beschaffen

Malen und Zeichnen

Schreiben

Partnerarbeit

Gruppenarbeit

MEINE SCHULE

Eine Schule

1 Was siehst du? Erzähle.

2 Erkunde deine Schule.

3 Wen habt ihr kennen gelernt?

4 Vergleiche das Bild mit deiner Schule.

Meine Schule

Hausmeister

Schulleiterin und Sekretärin

Lehrer

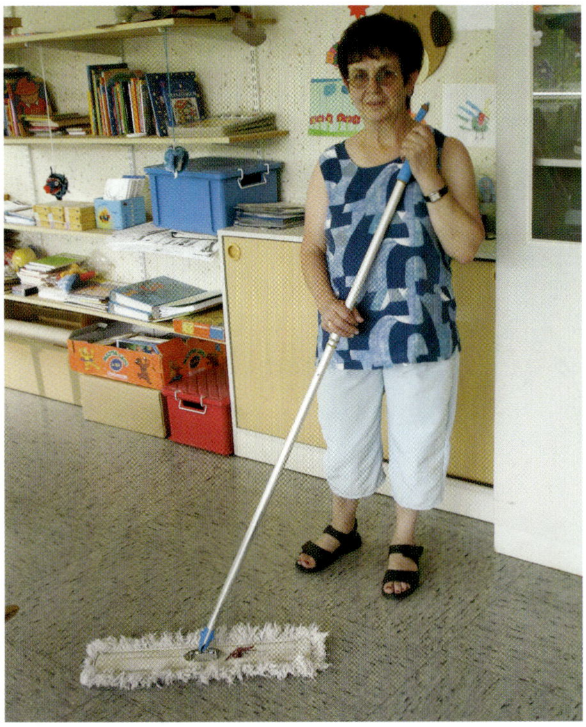

Raumpflegerin

1 Erkundigt euch, wer an eurer Schule diese Arbeiten macht.

Denk mal nach ...

Weißt du das?

1 Erkläre einem Mitschüler den Weg zur Toilette.

2 Welchen Weg musst du nehmen, wenn du in die Turnhalle willst?

3 Überlege dir Wegbeschreibungen an deiner Schule.

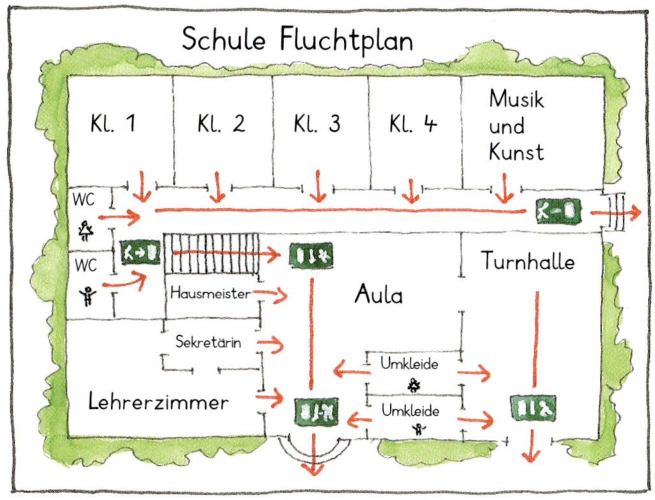

Hast du das gewusst?

4 Erkundige dich, welchen Weg du nehmen musst, wenn es in der Schule brennt.

Fluchtweg nach links

Fluchtweg nach unten

Fluchtweg nach rechts

Probiere aus

In der Schule gibt es viele Geräusche.
Schließe die Augen und lausche.

5 Nehmt die Geräusche auf und hört sie gemeinsam an. Ratet, welche Geräusche ihr gehört habt.

ZUSAMMEN LEBEN

Miteinander

1 Erzähle, was die Kinder machen.

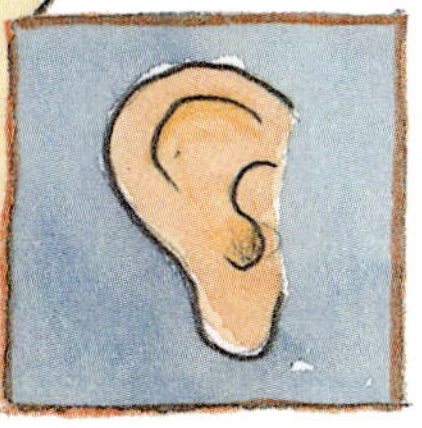

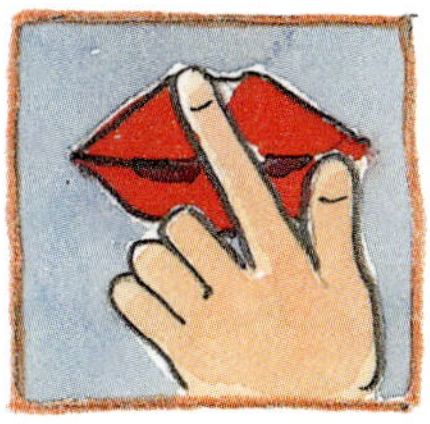

2 Zu welchen Bildern passen die Zeichen?

3 Erstellt selbst Regeln.

Aufgaben verteilen

1 Welche Aufgaben teilen sich die Kinder?

2 Welche Aufgaben gibt es in eurer Klasse?

3 Malt ein Plakat mit euren Klassendiensten.

Ordnung halten

1 Was im Klassenzimmer gehört dir, was nicht?

2 Besprecht, wie ihr mit den Schulsachen umgeht.

3 Ordne den Inhalt deines Schulranzens. Worauf musst du beim Packen achten?

SCHULWEG

1 Welche Verkehrszeichen müssen die Kinder beachten?

2 Welche Verkehrszeichen gibt es auf deinem Schulweg?

3 Sprecht über die Gefahren auf euren Schulwegen.

Mit dem Bus

1 Sprecht über richtiges Verhalten bei einer Busfahrt.

2 Nicht alle Kinder verhalten sich richtig.
Spielt das richtige Verhalten nach.

Mit dem Auto

1 Sprecht über Gefahren und richtiges Verhalten bei einer Autofahrt.

2 Worüber reden die Kinder auf dem Bild unten rechts?

Gefährliche Spiele

1 Wo kannst du sicher spielen?

2 Welche Gefahren erkennst du?

3 Wo kannst du in eurem Ort sicher spielen?

Was tun?

1 Was sagen die Erwachsenen?

2 Was können die Kinder tun?

3 Spielt nach, was ihr tun würdet.

Bei Dunkelheit sicher unterwegs

1 Welches Kind kannst du besser erkennen?

2 Warum ist es wichtig, dass du gesehen wirst?

Wer wird am besten gesehen?

3 Probiert verschiedene Kleidungen aus.

Denk mal nach ...

Weißt du das?

① 
② 
③ 

④ 

1 Welche Verkehrszeichen sind abgebildet? Was bedeuten sie?

Hast du das gewusst?

2 Vergleiche die Bilder. Welche Kinder kann das Kind im Auto sehen? Welche kann es nicht sehen?

3 Probiert mit eurer Lehrerin selbst aus, welche Kinder ihr vom Auto aus sehen könnt und welche nicht.

Probiere aus

4 Welche Figur ist besser zu sehen?

HERBST

1 Woran erkennst du, dass dies ein Herbstbild ist?
Beschreibe Pflanzen, Tiere und Menschen.

2 Was können die Kinder im Freien spielen?

3 Woran merkt ihr bei euch, dass es Herbst ist?

WETTER

Sonne, Wolken, Regen, Schnee

1 Wie verhalten sich die Menschen bei Sonne, Regen oder Schnee? Beschreibe ihre Kleidung.

2 Welches Wetter magst du besonders gern? Warum?

3 Was bedeuten die Zeichen  ?

4 Findet eigene Zeichen für verschiedenes Wetter.

Wetterkarte

Dienstag, 14.11.

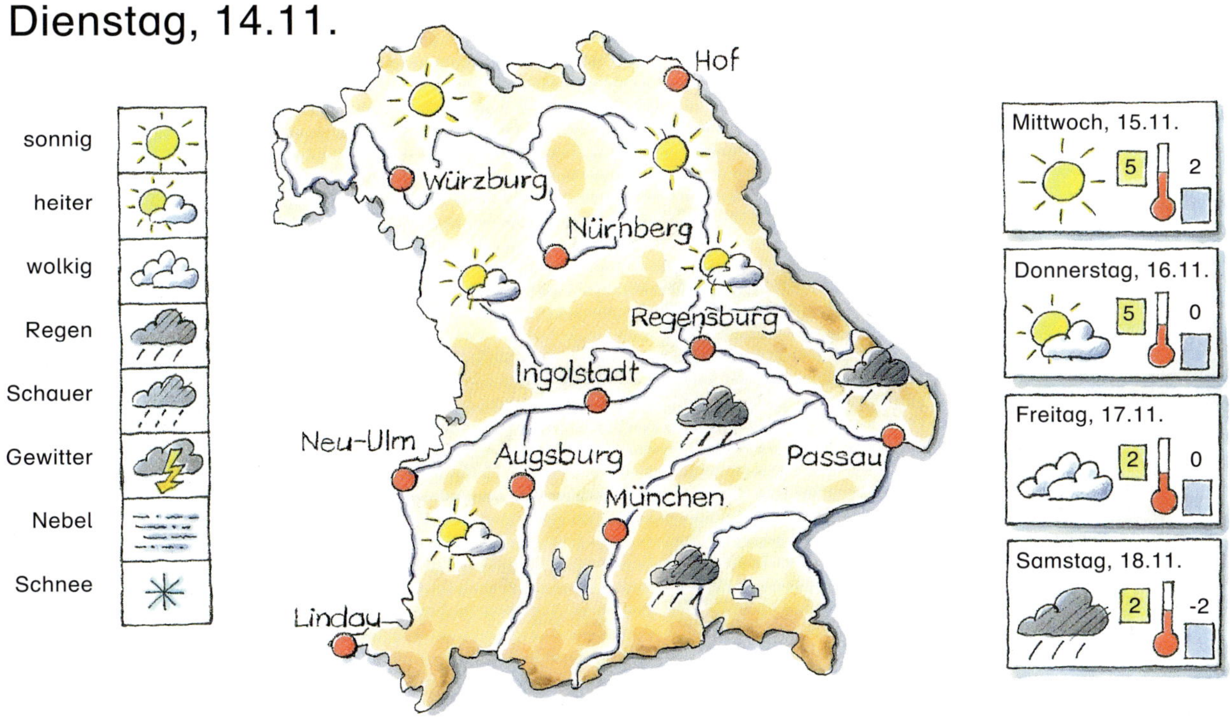

1 Wie wird das Wetter? Spielt Wetterbericht.

2 Warum möchte jeder wissen, wie das Wetter wird?

3 Beobachtet das Wetter. Malt oder klebt Wetterzeichen in ein Wettertagebuch.

Tiere und Wetter

1 Wie verhalten sich Bienen bei Wärme und Kälte? Beschreibe.

2 Was schützt Rehe im Winter?

3 Bei welchem Wetter kannst du Eidechsen beobachten?

4 Beobachte ein Tier bei unterschiedlichem Wetter.

Pflanzen und Wetter

Du brauchst:

Blumen-
untersetzer

Watte

Wasser

Kressesamen

Watte mit Wasser begießen

Samen verteilen

über Nacht zudecken

1 Sät selbst Kressesamen. Stellt die Kresse in die Kälte und in die Wärme. Beobachtet.

2 Gießt die Kresse viel und wenig.
Was könnt ihr feststellen?

3 Welchen Einfluss hat das Wetter auf Pflanzen?

Vorsicht Sonne!

1 Wer macht es richtig? Warum?

2 Wie kannst du dich vor der Sonne schützen?

Weißt du das?

1 Was musst du anziehen,
wenn du bei ☀, 🌧 oder ✳ raus willst?

2 Finde die vier jeweils passenden Kleidungsstücke.

3 Jedes Kleidungsstück hat einen Buchstaben. Bilde drei Wörter. Diese haben etwas mit dem Wetter zu tun.

Hast du das gewusst?

4 Warum brauchen diese Personen den Wetterbericht? Überlege.

5 Überlege, woher sie Informationen über das Wetter erhalten können.

Probiere aus

Du brauchst:

6 Besprühe die Stoffe mit Wasser. Was stellst du fest? Versuche zu erklären.

ZU HAUSE

Eine Familie

1 Was macht diese Familie gemeinsam?

2 Manchmal will man auch allein sein. Erzähle.

3 Zeichne deine Familie. Vergleiche sie mit den Zeichnungen der anderen Kinder aus deiner Klasse.

4 Berichte von schönen und traurigen Erlebnissen in deiner Familie.

5 Habt ihr Kinder aus anderen Ländern in eurer Klasse? Lasst euch von ihnen über ihre Familien erzählen.

So leben wir

Erdene lebt in der Mongolei. Im Sommer wohnt seine Familie in einem großen Zelt, Jurte genannt.

Lisa lebt in Deutschland. Sie wohnt in einem kleinen Dorf auf einem Bauernhof.

Die Familie von Kathi lebt auf einem Schleppkahn auf dem Main und Rhein.

Yannis lebt in Deutschland. Er lebt in einem Hochhaus in einer großen Stadt. Mit seinem Bruder teilt er sich ein Zimmer.

1 Hier wohnen Familien. Vergleiche. Wie lebst du?

2 Kennst du Kinder in anderen Ländern? Erzähle, wie sie wohnen.

Denk mal nach ...

Weißt du das?

1 Wie könnte es weitergehen? Erzähle.

2 Spielt, wie es weitergeht.

Hast du das gewusst?

3 Familien leben unterschiedlich zusammen.
Welche verschiedenen Familien sind hier zu sehen?
Welche kennst du?

Probiere aus

4 Baue dein Traumzimmer in einer Schachtel.
Was soll alles in deinem Zimmer sein?

FESTE UND BRÄUCHE

Feste und Feiern

Sternsinger

Ostern

Erntedank

Kirchweih

Sankt Martin

Geburtstag

1 Welche Feste und Bräuche kennst du noch?

2 Welche Feste feierst du?

3 Welche Ereignisse feierst du nur einmal, welche jedes Jahr?

4 Erkundige dich, welche besonderen Feste es in eurem Ort gibt.

Sankt Martin

Am 11. November feiern wir mit Laternenumzügen den Martinstag. Damit erinnern wir an den Heiligen Martin. Vor langer Zeit hat er einem Bettler seinen halben Mantel geschenkt und ihn damit vor dem sicheren Tod bewahrt.

Später ließ Martin sich taufen und wurde Christ. Die Menschen wollten, dass er Bischof wurde. Das gefiel ihm nicht und so versteckte er sich. Aber die Gänse im Stall verrieten ihn durch ihr Geschnatter. Martin wurde Bischof, und bis heute gibt es am Martinstag Martingsgänse.

1 Welche Martins-Bräuche gibt es bei euch?

2 In manchen Gegenden kommt zu den Kindern der Pelzmärtel. Überlege, woher dieser Name kommt.

3 Welche Namen kennt ihr noch?

Wir bereiten uns auf Weihnachten vor

Vier Sonntage vor Weihnachten beginnt der Advent. In dieser Zeit bereiten sich die Menschen auf das Fest der Geburt von Jesus Christus vor. Adventskalender und Adventskranz helfen, diese Zeit einzuteilen.

1 Welche Adventsbräuche gibt es bei euch?

2 Schmückt euer Klassenzimmer.

3 Erzählt, wie ihr daheim Weihnachten feiert.

Denk mal nach ...

Weißt du das?

1 Was feiern wir an Weihnachten?

2 Welche Weihnachtsbräuche kennst du?

3 Welche Martinslieder kennst du?

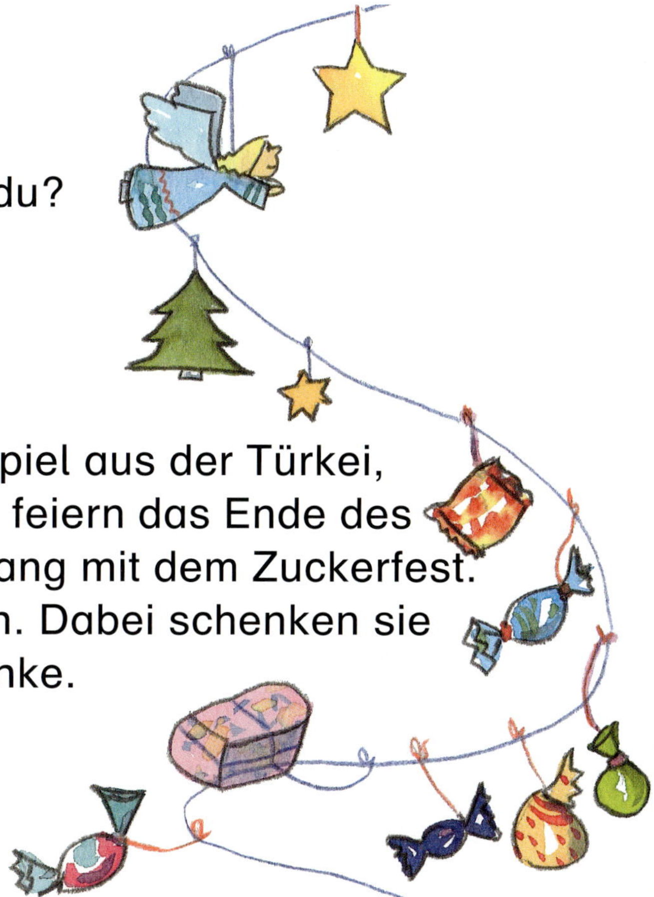

Hast du das gewusst?

Muslimische Familien, wie zum Beispiel aus der Türkei, feiern kein Weihnachtsfest. Muslime feiern das Ende des Fastenmonats Ramadan drei Tage lang mit dem Zuckerfest. Die ganze Familie kommt zusammen. Dabei schenken sie sich Süßigkeiten und kleine Geschenke.

Probiere aus

Fähnchengirlande

Es gibt immer etwas zu feiern. Noch besser feiert es sich, wenn du alles schön schmückst.

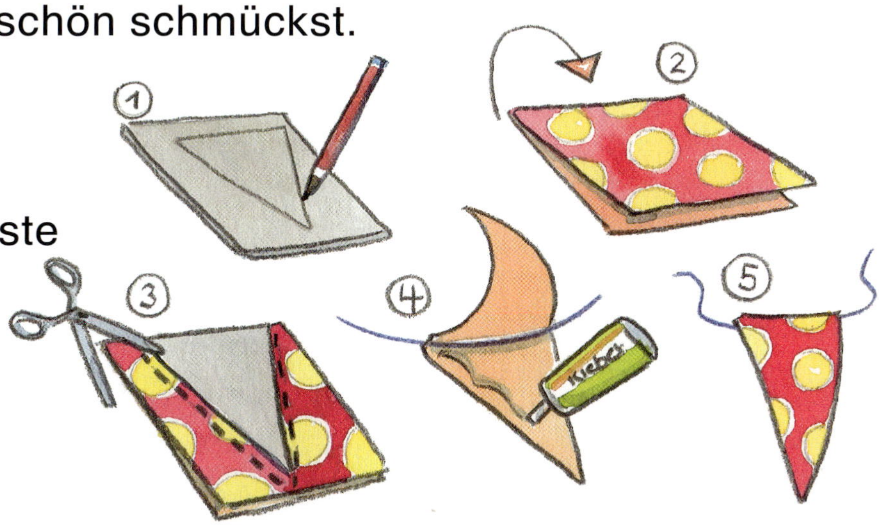

Du brauchst:

- bunte Stoffreste
- Karton
- Bleistift
- Klebstoff
- Schnur

Ein Wochentag

Morgen Vormittag Mittag

Ein Sonntag

1 Läuft dein Wochentag auch so ab? Erzähle.

2 Vergleiche einen Sonntag mit einem Wochentag.

Nachmittag Abend Nacht

3 Zu welchen Tageszeiten ruhst du aus?
Zu welchen Tageszeiten lernst du, spielst du, ...?

4 Male deinen Wunschtag.

Kurz oder lang?

1 Wann vergeht die Zeit schnell?

2 Wann vergeht sie langsam?

Die Uhr sagt dir die Zeit

Der große Zeiger zeigt die Minuten.

Der kleine Zeiger zeigt die Stunde.

3 Wie viel Uhr ist es jeweils auf Seite 36 und Seite 37?

4 Beobachte den großen Zeiger während einer Stunde.
Beobachte den kleinen Zeiger während einer Stunde.

Die Uhr hilft dir

1 Wo ist es wichtig, pünktlich zu sein?

2 Bist du schon einmal zu spät gekommen?
Wie könntest du dich entschuldigen? Spielt es.

vorher nachher

3 Was machst du vor, was nach den Hausaufgaben?

Die Woche

Montag bis Samstag sind Werktage.

1 Berichtet über eure Woche.

2 Was machst du am Wochenende?

3 Was hat Lea in dieser Woche vor?

4 Male deinen Wochenplan und berichte.
Verwende die Wörter: heute, gestern, vorgestern, morgen, übermorgen.

Denk mal nach ...

Weißt du das?

1 An welchem Wochentag hast du in diesem Jahr Geburtstag? Schau in einem Kalender nach.

2 Welche Tage nennt man Werktage?

3 Wenn heute Montag ist, was für ein Tag war dann vorgestern? Und welcher Tag ist übermorgen?

4 Wie heißt der kleine Zeiger der Uhr?

5 Wann beginnt der Abend?

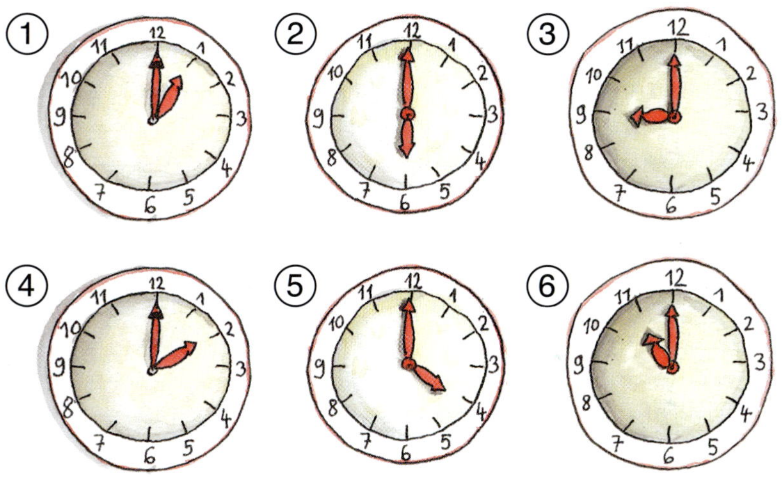

6 Wie viel Uhr ist es? Lies die Uhrzeiten ab und schreibe sie in dein Heft.

Probiere aus

7 Wann vergeht die Zeit schnell und wann langsam? Probiere aus. Eine Minute nichts sagen, möglichst viele Aufgaben rechnen, mit gestrecktem Arm etwas halten.

SPIELZEUG

1 Wie funktionieren diese Spielzeuge?

2 Bringt ähnliches technisches Spielzeug mit.
Untersucht es.

Karussell

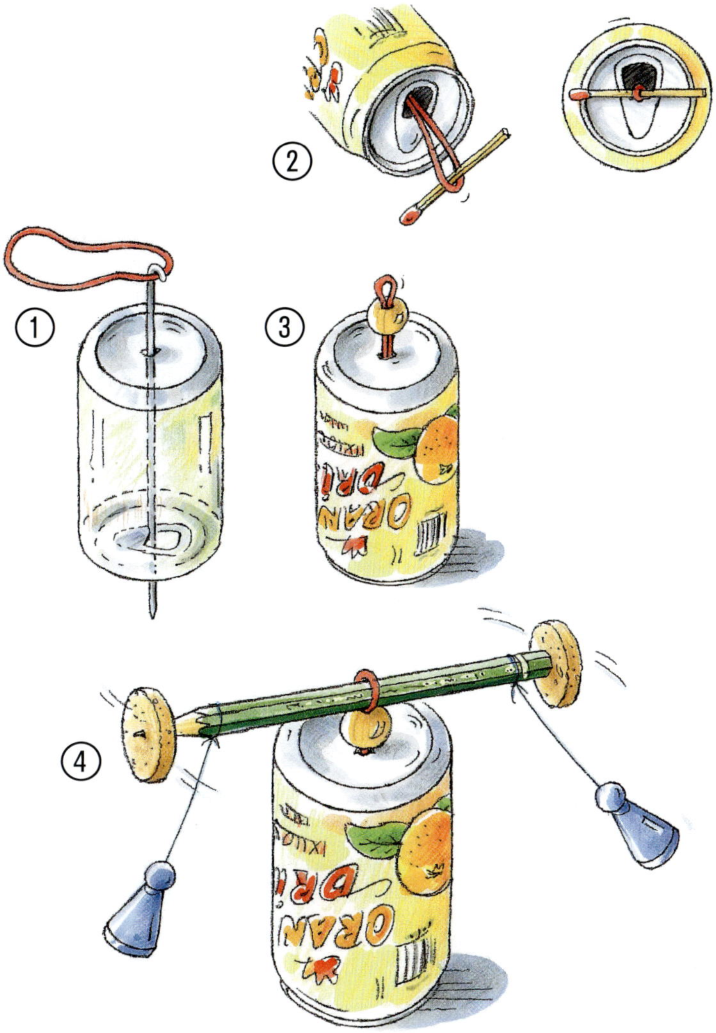

Du brauchst:

Getränkedose (Loch gebohrt)

Holzperle

Spielfiguren

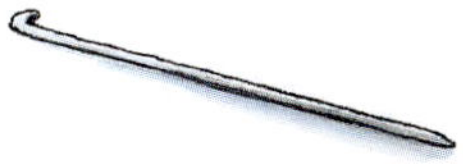
Häkelnadel

Gummiring

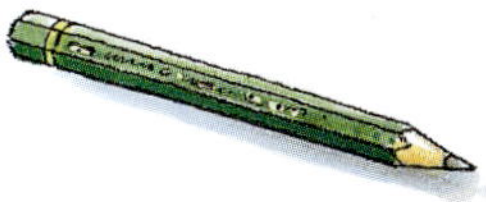
Bleistift

Korkscheiben

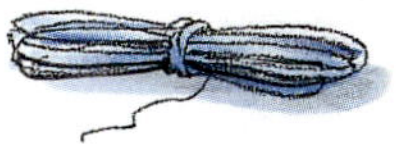
Faden

Ballonflitzer

Du brauchst:

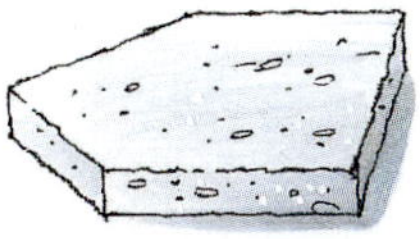
Styropor

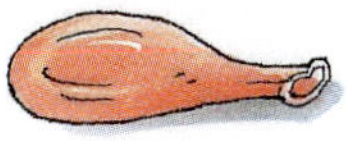
Luftballon

Schachtel

Klebestreifen

1 Baut selbst ein Karussell oder einen Ballonflitzer.

Spielzeug aus Fundstücken

Kinder in anderen Ländern stellen ihr Spielzeug oft selbst her. Dazu verwenden sie viele Fundstücke.

1 Welche Spielzeuge haben die Kinder hergestellt?

2 Welche Materialien haben sie dafür verwendet?

3 Wie funktionieren diese Spielzeuge?

Denk mal nach ...

Weißt du das?

1 Erkläre, wie das Spielzeug funktioniert.

Hast du das gewusst?

Im Sommer konnten die Menschen nicht Eislaufen.
So erfanden sie den Rollschuh und später den Inlineskate.

1896

1975

heute

2 Was hat sich verändert?

Probiere aus

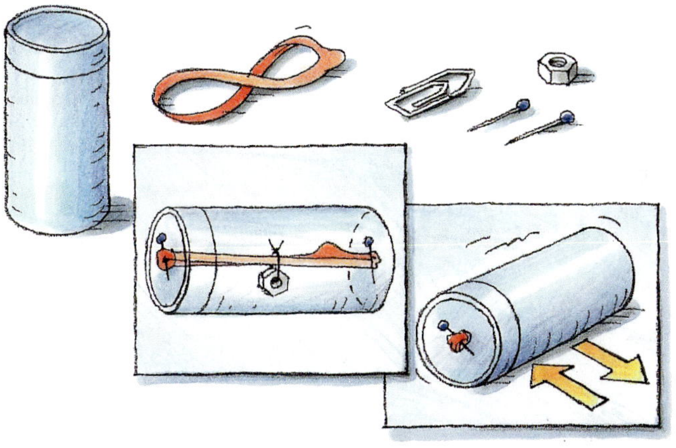

Du brauchst:

- Dose mit Deckel
- Einmachgummi
- Büroklammer
- Schraubenmutter
- Stecknadeln

1. Stich in die Mitte des Bodens und des Deckels der Dose einen Schlitz.
2. Befestige die Schraubenmutter mit der aufgebogenen Büroklammer an dem Einmachgummi.
3. Ziehe den Gummi durch die Schlitze.
4. Befestige den Einmachgummi auf beiden Seiten mit den Stecknadeln.
5. Rolle die Dose weg. Beobachte und versuche zu erklären.

WINTER

1 Woran erkennst du, dass dies ein Winterbild ist?
Beschreibe Pflanzen, Tiere und Menschen.

2 Vergleiche das Bild mit dem Herbstbild von Seite 20/21.
Was hat sich verändert?

3 Woran merkt ihr bei euch, dass es Winter ist?

Alexanders Zeitleiste

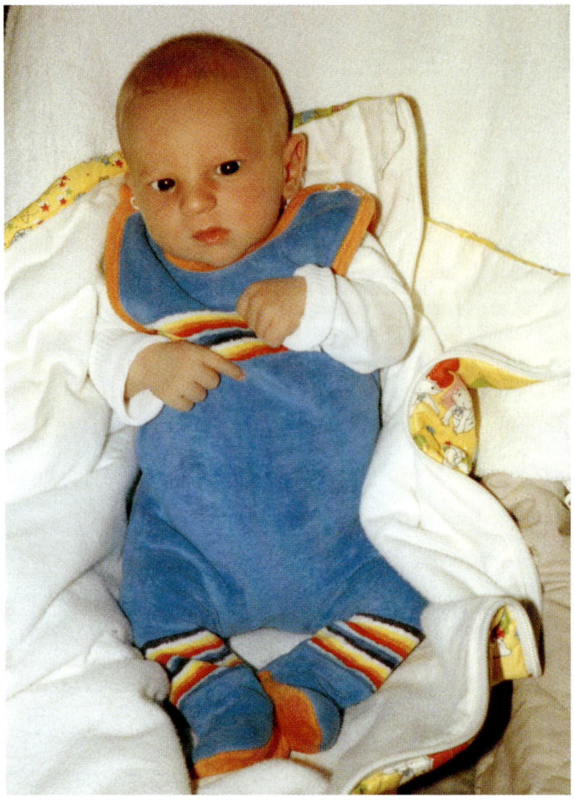

früher

vergangen

1 Lege mit Fotos von dir eine Zeitleiste an.

2 Befrage deine Eltern, wie es war als du klein warst.

3 Bringe Erinnerungsstücke mit.

jetzt

später

in der Zukunft

4 Was möchtest du einmal werden?

5 Was wünschst du dir für später?

Ein besonderer Tag

Jeder Mensch wird geboren. Das ist ein besonderer Tag, der nur einmal im Leben vorkommt. Da es so etwas Besonderes ist, feiern wir jedes Jahr unseren Geburtstag. Wir freuen uns, dass derjenige der Geburtstag hat, auf der Welt ist.

1 Wie feiert ihr den Geburtstag in der Schule?

2 Wie feierst du ihn daheim?

3 Erkundige dich, wie andere Kinder ihren Geburtstag feiern.

Denk mal nach ...

Weißt du das?

1 Überlege: Was ist jetzt, was war früher und was wird später sein?

Hast du das gewusst?

- Nicht alle Menschen feiern ihren Geburtstag.
- Wenn du am 29. Februar geboren bist, kannst du eigentlich nur alle vier Jahre deinen Geburtstag richtig feiern. Diesen Tag gibt es nur in einem Schaltjahr.
- In manchen Religionen wird auch kein Geburtstag gefeiert, zum Beispiel bei den Moslems.
- Die Sprache eines kleinen Volkes in Südamerika hat keine Wörter der Vergangenheit.

Probiere aus

Mein Ich-Buch

2 Stelle dein eigenes Ich-Buch her.

Wasch- und Pflegemittel

1 Welche Mittel verwendest du zum Waschen und Pflegen deines Körpers?

2 Deine Haare, Nägel und Zähne brauchen besondere Pflege. Berichte.

3 Welche Körperteile muss das Kind waschen?

Waschregeln

1 Wann ist es wichtig, sich die Hände zu waschen?

2 Wann ist es nötig, zu duschen oder zu baden?

3 Warum wechselst du regelmäßig deine Kleidung?

Schmutz lösen

1 Verteile etwas Margarine auf deinen Händen. Versuche deine Hände zu reinigen:
- mit kaltem Wasser
- mit warmem Wasser
- mit kaltem Wasser und Seife

2 Was hat deine Hände am gründlichsten gereinigt?

3 Waschmittel sollen sparsam verwendet werden. Redet darüber.

4 Warum sollst du Wasser sparsam verwenden?

5 Wie kannst du Wasser sparen?

Denk mal nach ...

Weißt du das?

1 Was brauchst du zur Körperpflege?
Male in dein Heft.

2 Warum ist Körperpflege wichtig? Erzähle.

Hast du das gewusst?

Auch Tiere pflegen sich. Allerdings verwenden sie dafür keine Seife.

Katzen haben eine raue Zunge.
Damit bürsten sie ihr Fell.

Pferde wälzen sich im Staub,
um sich vor Insektenstichen zu
schützen.

Probiere aus

Du brauchst: Schmierseife, Waschpulver, Zitronensaft, Stoffe mit Flecken aus Fett, Ruß, Obst

3 Probiere aus, welche Flecken allein mit Wasser entfernt werden können.

4 Probiere Schmierseife, Waschpulver und Zitronensaft aus.
Beobachte und beschreibe.

5 Versuche, Fettflecken, Rußflecken und Obstflecken zu entfernen.

ZÄHNE

Das Gebiss

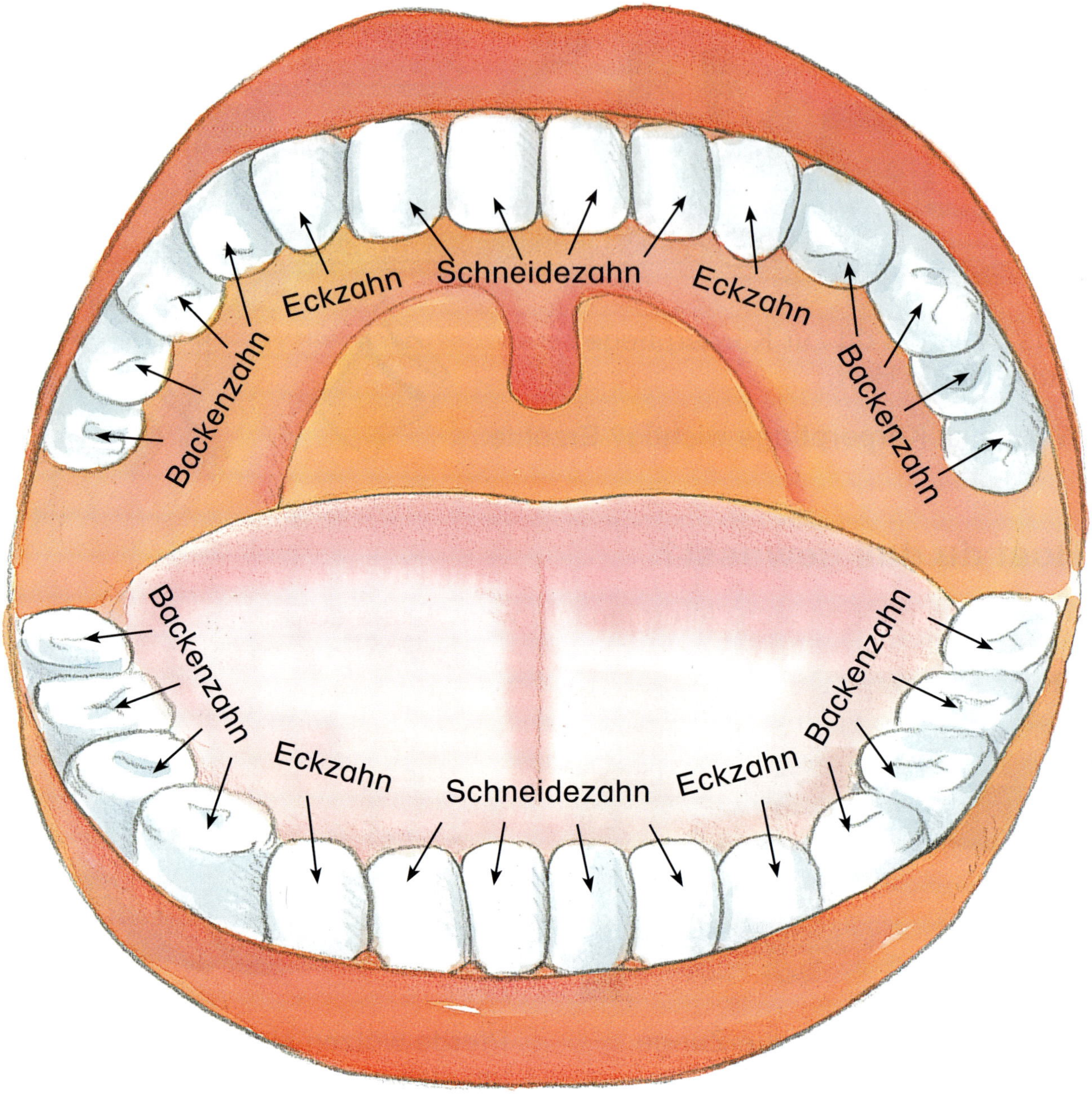

1 Zähle deine Zähne.
Wie viele Zähne sind im Oberkiefer, wie viele im Unterkiefer?

2 Beiße in einen Apfel. Mit welchen Zähnen beißt du ab und mit welchen Zähnen kaust du?

3 Betrachte dein Gebiss im Spiegel. Wo sind deine Schneidezähne, deine Eckzähne und deine Backenzähne?

Der Zahnwechsel

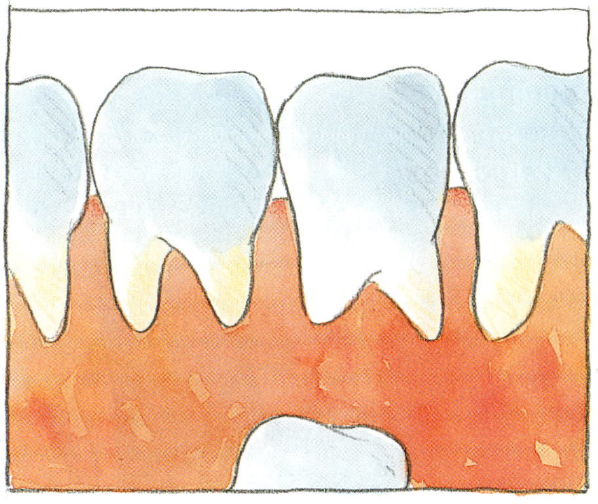

Der Zahn sitzt noch fest.

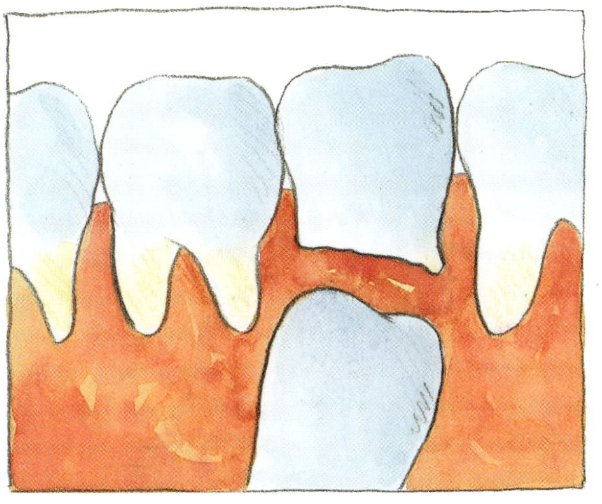

Der Milchzahn wackelt.
Der neue Zahn drückt.

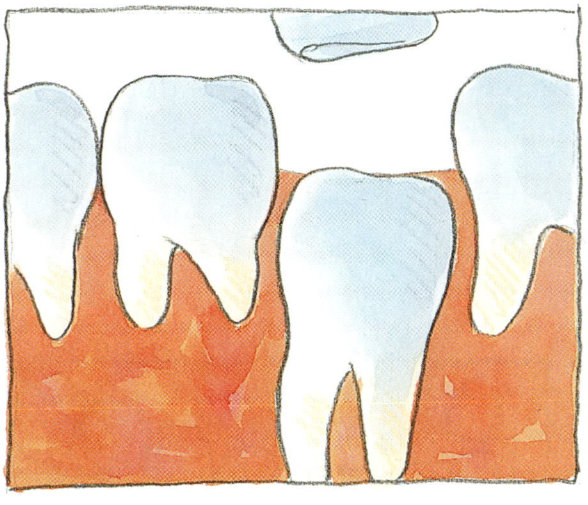

Der neue Zahn ist schon zu sehen.

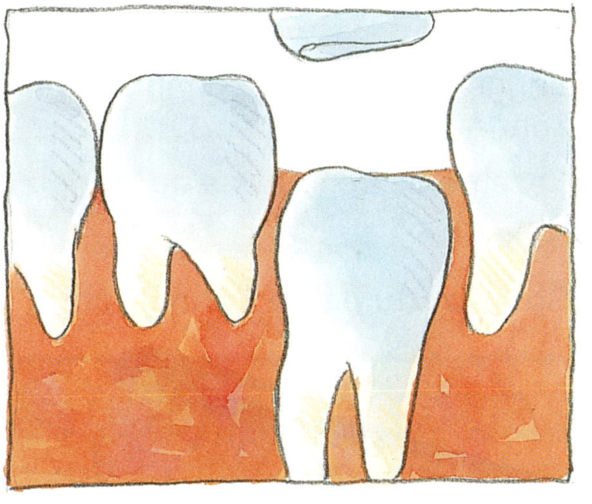

Der neue bleibende Zahn füllt die Lücke aus.

1 Berichte, wie dein erster Zahn ausgefallen ist.

2 Beschreibe deinen ausgefallenen Zahn genau.

Zähne putzen

1 Bringe Zahnbürste, Zahnpasta und einen Becher mit und putze deine Zähne.

2 Beschreibe genau, wie du deine Zähne putzt.

So putzt du deine Zähne richtig

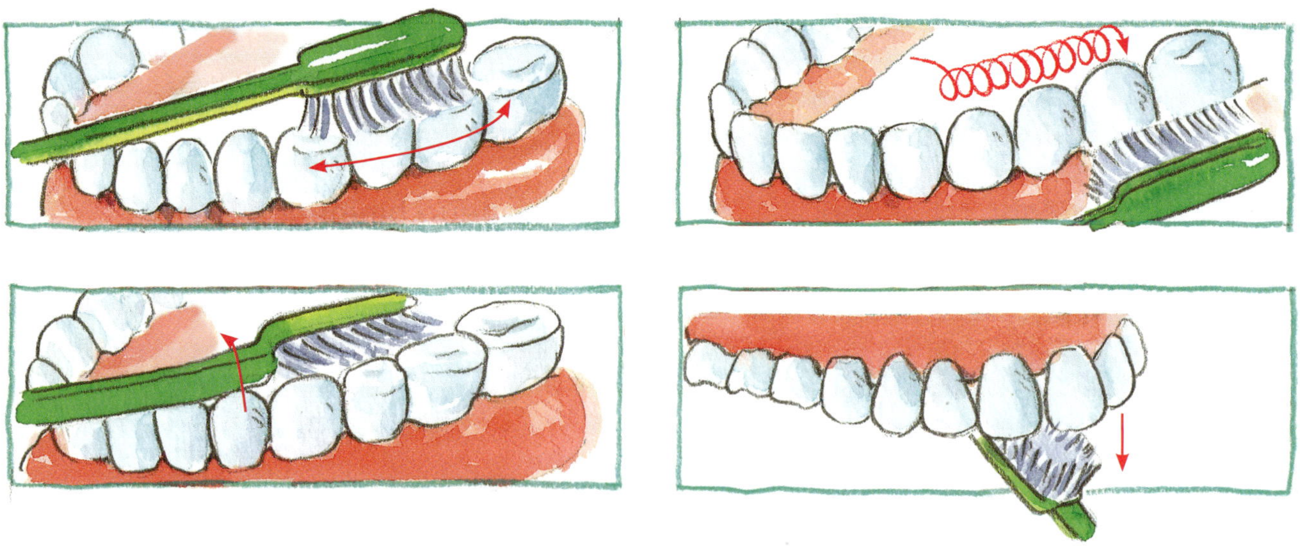

Immer von Rot, dem Zahnfleisch, nach Weiß, den Zähnen, bürsten.

Denk mal nach ...

Weißt du das?

1 Wie viele Zähne hat ein Gebiss?
Mit welchen Zähnen kannst du gut abbeißen und schneiden?
Mit welchen Zähnen kannst du gut kauen?
Mit welchen Zähnen kannst du die Nahrung festhalten?

Schreibe in dein Heft.

Hast du das gewusst?

2 Was ist gut für die Zähne?

3 Was ist schlecht für die Zähne?

4 Was musst du beachten,
damit deine Zähne gesund bleiben?

Probiere aus

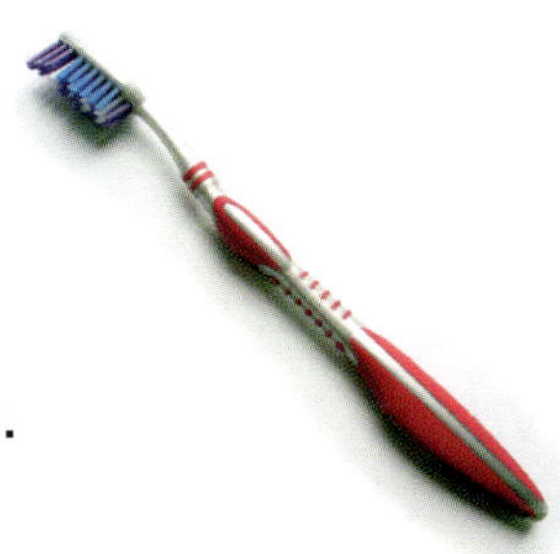

5 Probiere aus, den Kamm mit der Zahnbürste zu reinigen.
Was stellst du fest?

Spiele drinnen

1 Was spielen die Kinder? Was spielst du gerne?

2 Bringt Spiele mit.

3 Vergleicht verschiedene Computerspiele.

4 Warum ist es nicht gut, stundenlang Computerspiele zu spielen? Sprecht darüber.

Spiele draußen

1 Was müssen die Kinder beim Spielen beachten?

2 Welche Spielregeln kennt ihr?

3 Erfindet selbst ein Spiel.

4 Wo kannst du in deiner Umgebung ohne Gefahr spielen?

Großvater erinnert sich

Ringel, ringel, Rosen,
schöne Aprikosen,
Veilchen und
Vergissmeinnicht,
alle Kinder ducken sich.

1 Sprecht über die Spiele. Welche kennst du?

2 Frage deine Großeltern, was sie gespielt haben.

3 Erkundige dich nach weiteren Versen zu Spielen.

4 Sammle Informationen über Spiele von früher.

Spiele mit Steinen

1 Stein-Mikado

- Sammelt Steine. Legt alle Steine auf einen Stein-Berg.
- Versucht nun, so viele Steine wie möglich vom Berg abzuheben, ohne dass sich ein Stein bewegt.
- Wenn ihr einen Stein bewegt, ist der nächste Spieler an der Reihe.
- Wer am Ende die meisten Steine gesammelt hat, ist Sieger.

2 Stein-Spirale

- Zeichne mit einem Ast eine Spirale in die Erde.
- Jeder Mitspieler bekommt zwei Steine. Einer davon wird auf den Startpunkt gelegt. Der andere Stein wird hinter den Rücken gehalten.
- Nun versuche zu erraten, in welcher Hand der andere seinen Stein hält. Wenn du falsch rätst, darf der andere Spieler seinen Stein einen halben Kreis weiter schieben. Dann ist der nächste Spieler an der Reihe.
- Sieger ist, wer zuerst am Spiral-Ende ankommt.

3 Boule (Boccia)

- Sucht einen großen Stein und legt ihn in die Mitte eines Kreises.
- Werft abwechselnd einen Stein auf den großen Stein.
- Wer kommt am nächsten an ihn heran?

Spiele in anderen Ländern

4 Schritte gehen

Sobald die Kinder dicht hinter Mister Wolf stehen, dreht er sich um und versucht sie zu fangen.

1 Was spielen die Kinder?

2 Denkt euch Spielregeln aus. Spielt.

3 Erzählt von euren Lieblingsspielen.

Denk mal nach …

Weißt du das?

1 Welche Spielregeln musst du beachten, wenn mehrere Kinder mitspielen?

2 Nenne drei Spiele für drinnen und drei Spiele, die du draußen spielen kannst.

Hast du das gewusst?

Nicht alle Plätze sind zum Spielen geeignet.

3 Vergleicht die Spielplätze. Wo ist es besonders gefährlich zu spielen?

4 Welche sicheren Spielplätze gibt es in eurem Ort?

Probiere aus

Ringwerfen

Du brauchst:
- Zeitungspapier
- Krepp-Papierstreifen
- Ast

5 Werft nacheinander. Wer trifft den Stab?

FRÜHLING

1 Woran erkennst du, dass dies ein Frühlingsbild ist?
Beschreibe Pflanzen, Tiere und Menschen.

2 Vergleiche das Bild mit dem Herbstbild von Seite 20/21 und dem Winterbild von Seite 46/47.

3 Woran merkt ihr bei euch, dass es Frühling ist?

MIT ALLEN SINNEN

Hören, Sehen, Schmecken, Riechen, Tasten

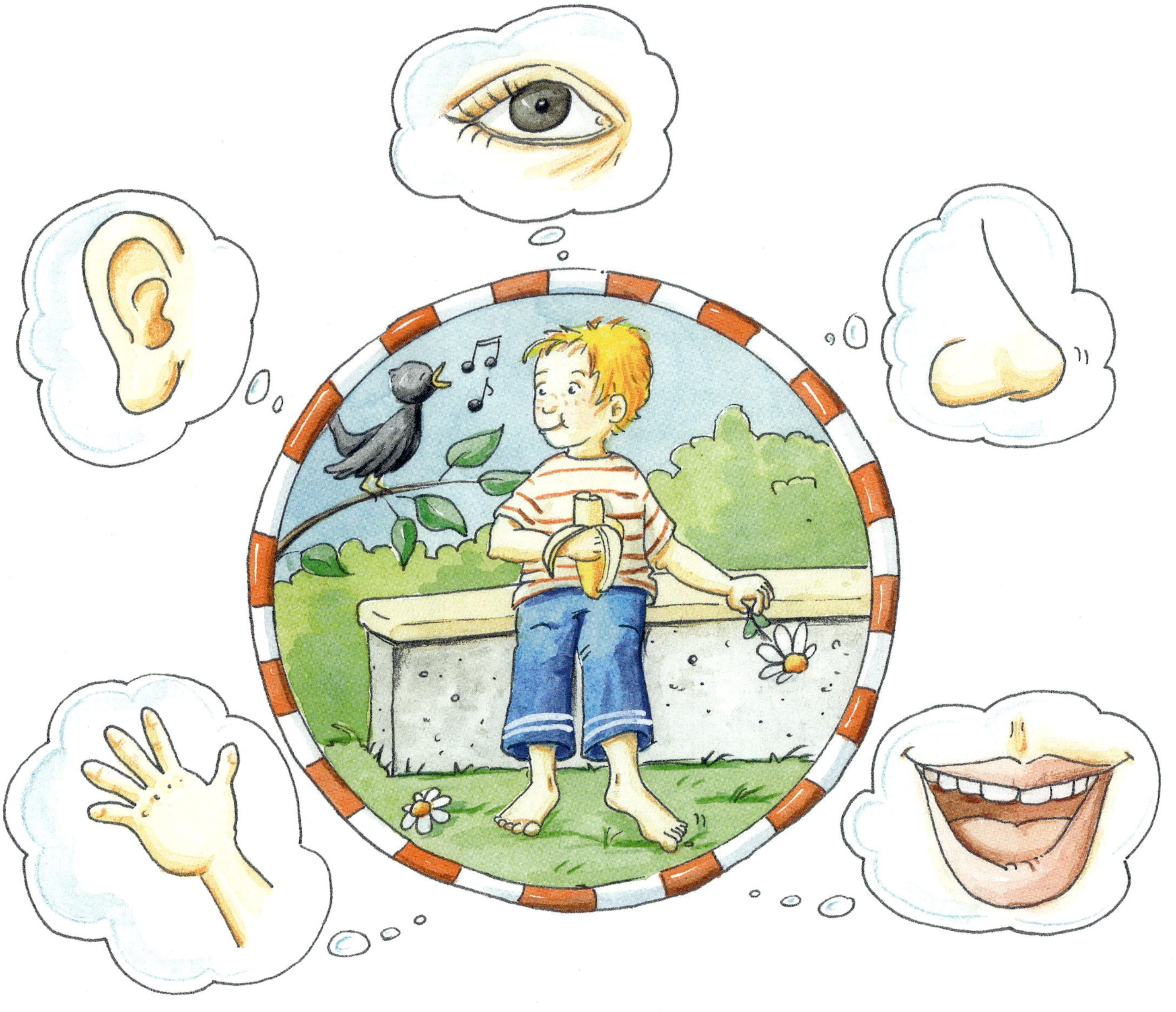

1 Nase, Augen, Ohren, Zunge und Haut – wozu brauchst du sie?

2 Schreibt jeweils ein Beispiel dazu auf.

Mit allen Sinnen

1 Hier kannst du Kinder an fünf Sinnes-Stationen erkennen.
Ordne diese Wörter zu: **sehen, hören, schmecken, tasten, riechen.**

2 Baut selbst Sinnes-Stationen. Habt ihr noch andere Ideen?

Verschiedene Materialien

1 Metall, Kunststoff, Holz, Glas, Stoff, Papier und Stein – wo kannst du diese Materialien auf dem Foto entdecken?

2 Überlege, warum diese Materialien verwendet wurden.

3 Welche Materialien gibt es in deinem Klassenzimmer?

4 Erstelle eine Liste, wofür sie verwendet wurden.

5 Befühle verschiedene Gegenstände im Klassenzimmer. Beschreibe, wie sie sich anfühlen.

6 Erfindet Rätsel dazu.

Denk mal nach ...

Weißt du das?

1 Welche Sinne benutzen die Kinder?

2 Welche Körperteile brauchen die Kinder dafür?

Hast du das gewusst?

Es gibt Möbel aus Papier und Pappe. Die Pappe wird gefaltet und zusammengeklebt. So entstehen Tische, Stühle, Betten und Schränke. Die Möbel wiegen nicht viel, aber sie sind sehr stabil. Nur nass sollten sie nicht werden.

Probiere aus

3 Sind die Kreise in der Mitte gleich groß? Sind die Linien gleich lang? Miss nach.

4 Schaue dir die Bilder an. Was siehst du?

Tiere und Pflanzen auf der Wiese

Reißt keine Pflanzen mit den Wurzeln aus dem Boden!

1 Welche Tiere kannst du entdecken?

Assel,
Ameise,
Biene,
Feldmaus,
Grashüpfer,
Hummel,
Kohlweißling,
Marienkäfer,
Maulwurf,
Mücke,
Ohrwurm,
Tagpfauenauge,
Raupe,
Regenwurm,
Spinne,
Schnecke,
Wespe,
Zitronenfalter.

2 Wo leben die Tiere?

3 Was wächst auf eurer Wiese?

4 Bringt einige Pflanzen mit. Stellt sie aus. Zeichnet sie.

Aufbau der Pflanzen

Löwenzahn

Glockenblume

Pflanze	Löwenzahn
Blütenfarbe	gelb
Blütenform	Rosette
Blattform	

1 Vergleicht Löwenzahn und Glockenblume miteinander. Stellt Gemeinsamkeiten und Unterschiede fest.

2 Vergleicht auch andere Blumen. Legt eine Tabelle an. Grabt dazu keine geschützten Pflanzen aus.

Es fliegt, es fliegt ein Löwenzahn!

1 Beschreibe, wie sich der Löwenzahn verbreitet.

2 Versucht, einen fliegenden Löwenzahn-Fallschirm mit den Augen zu verfolgen.

3 Erforscht, wie sich andere Wiesenpflanzen verbreiten.

Ein Schmetterling entsteht

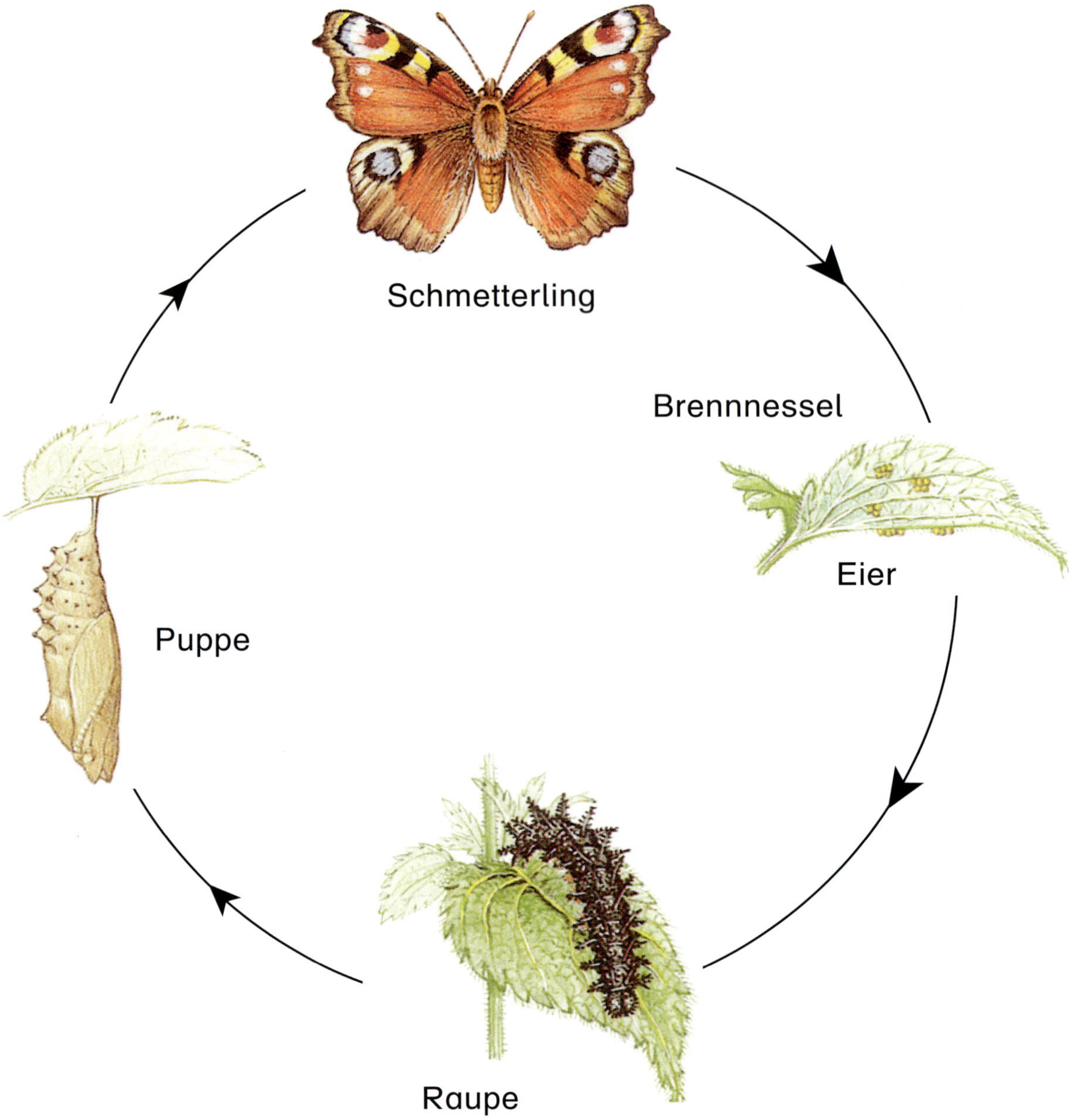

1 Raupen könnt ihr im Lupenglas gut beobachten.

2 Schmetterlinge werden beim Fangen fast immer verletzt.
Lasst sie in Freiheit! Betrachtet sie in Büchern.

3 Beobachtet, auf welchen Blüten sich Schmetterlinge niederlassen.

4 Tagpfauenaugen können sich nur auf Brennnesseln entwickeln.
Lasst ihre Futterpflanze auf eurer Wiese stehen!
Legt selbst ein Brennnesselbeet an.

Geschützte Pflanzen

Diese Pflanzen sind selten oder vom Aussterben bedroht.

Trollblume

Knabenkraut

Schlüsselblume

Silberdistel

Schachblume

Frühlingsadonisröschen

1 Erkundigt euch, welche dieser Pflanzen bei euch wachsen.

Es ist verboten, sie zu pflücken!

Ein Wiesenbuch herstellen

1 Malt oder fotografiert Blumen und Gräser.

2 Sammelt Blumen und Gräser.
- Legt sie vorsichtig zwischen zwei Löschblätter.
- Legt auf das obere Löschblatt mehrere schwere Bücher.
- Nach einer Woche sind die Blumen und Gräser getrocknet.

3 Stellt aus euren Bildern und den gepressten Blumen und Gräsern ein Wiesenbuch her.

4 Schreibt ein Elfchen und die Namen der Pflanzen dazu.

5 Mit den gepressten Blumen könnt ihr auch schönes Briefpapier herstellen.

Denk mal nach ...

Weißt du das?

Tiere und Pflanzen der Wiese

1 Schreibe in dein Heft, welche Tiere und Pflanzen abgebildet sind.

2 Nenne die Teile einer Pflanze.

Hast du das gewusst?

Was macht der Igel im Winter?
Im Laufe des Sommers frisst sich der Igel eine dicke Fettschicht an. Im Herbst sucht er einen Laubhaufen. Darin vergräbt er sich und hält Winterschlaf. Dann atmet er nur noch zweimal in der Minute. Seine Körpertemperatur sinkt auf fünf bis ein Grad Celsius. Sein Herz schlägt nur noch zwei bis viermal in der Minute. Sonst schlägt es etwa zweihundertmal in der Minute.

Probiere aus

Kräuterquark

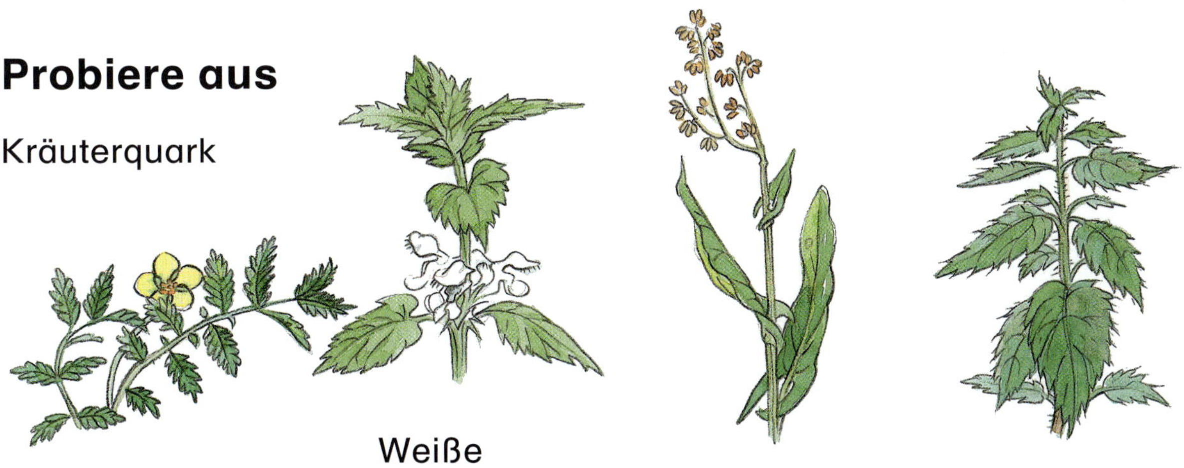

Gänsefingerkraut | Weiße Taubnessel | Sauerampfer | Brennnessel

3 Nehmt nur junge Blättchen und Knospen. Wascht sie ab und tupft sie trocken. Schneidet sie klein. Auch Klee, Gänseblümchen und Löwenzahn sind geeignet. Vermischt die Kräuter mit Quark.

Mit Schatten spielen

1 Welche Schattenspiele haben sich die Kinder ausgedacht?

2 Spielt selbst mit Licht und Schatten.

3 Schneidet Figuren aus Papier aus. Klebt ein Holzstäbchen auf. Legt die Figuren auf den Projektor. Spielt mit ihnen.

Schatten-Rätsel

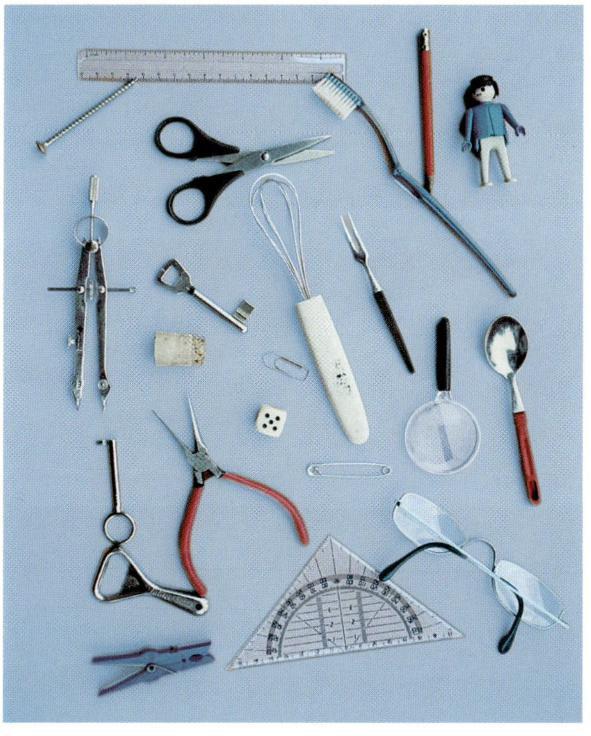

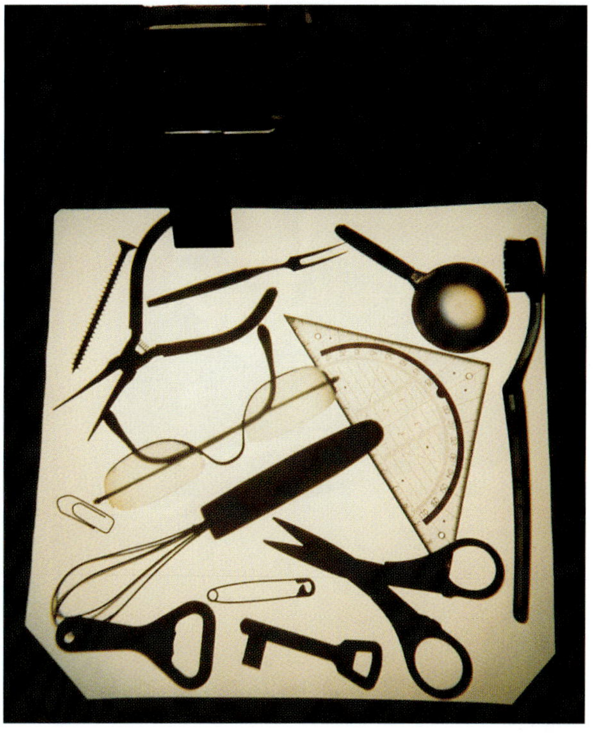

1 Nenne die Gegenstände, die du auch im Schattenbild erkennen kannst.

2 Lege Gegenstände auf den Projektor.
Die anderen Kinder sollen die Gegenstände an ihrem Schatten erkennen.

3 Legt verschiedene Gegenstände auf den Projektor.
Schaltet nach kurzer Zeit das Licht des Projektors aus.
Wer kann aus dem Gedächtnis die meisten Gegenstände aufzählen?

4 Findet heraus, welche Gegenstände keinen schwarzen Schatten erzeugen.

5 Schiebe eine Figur zwischen Taschenlampe und Papierbogen hin und her. Wie verändert sich der Schatten?

Schatten erforschen

1 Wie fallen die Schatten? Probiert es selbst aus.

2 Zeichnet jede Stunde den Schatten des Stabes mit Kreide nach.
Versucht eure Beobachtungen zu erklären.

Licht und Schatten untersuchen

1 Schaut euch die Versuche auf dem Bild an. Probiert sie selbst aus.

2 Stellt den anderen Kindern vor, was ihr ausprobiert habt.

Tag und Nacht

1 Besprecht die Unterschiede.

2 Versucht Begründungen für diese Veränderungen zu finden.

Denk mal nach ...

Weißt du das?

Welche Lampe leuchtet?

1 Welche der drei Lampen leuchtet, wenn der Schatten nach links, nach rechts, nach unten fällt?

Hast du das gewusst?

Wie orientieren sich Tiere in der Nacht?

Die Schleiereule fängt mit ihren weißen Federn im Gesicht, dem Schleier, Schallwellen auf. So kann sie auch im Dunkeln hören und ihre Beute finden.

Probiere aus

Schattenspiel

2 Gehe um den Reifen herum. Die Schattenhand muss den Reifen immer berühren.

Mit Luft kann man viel machen

1 Betrachte das Bild. Wie und wo wird die Luft hier genutzt?

P

Luft nimmt Raum ein

Luft trägt

1 Probiert die Versuche auf den Bildern 1, 2, 3 und 4 selbst aus.

2 Sucht zu jedem Bild passende Beispiele im großen Bild auf Seite 86/87.

Luft treibt an

Luft bremst

3 Sucht weitere Beispiele zu: Luft nimmt Raum ein, Luft trägt, Luft treibt an und Luft bremst.

Wir falten einen Luftkreisel

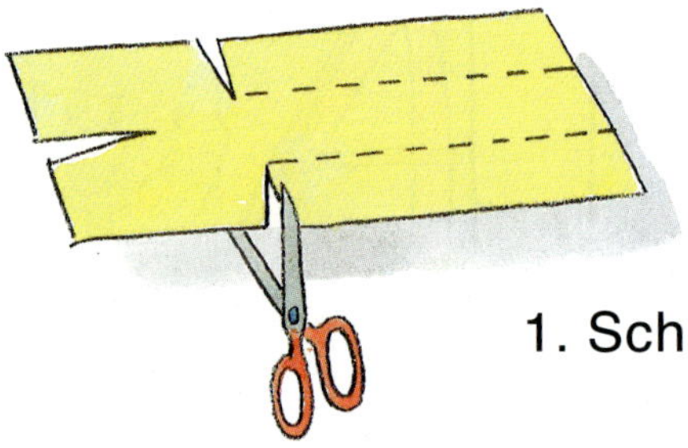

1. Schneide den Papierstreifen an drei Stellen ein.

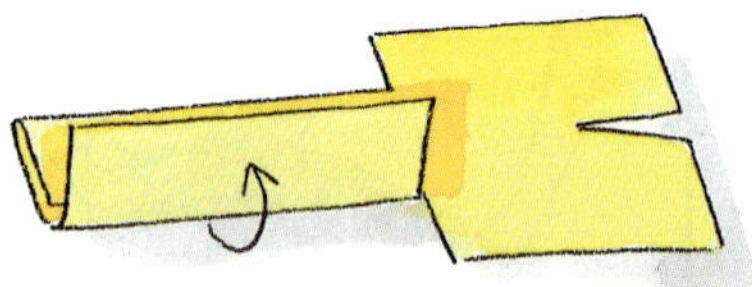

2. Falte den unteren Teil an beiden Seiten ein.

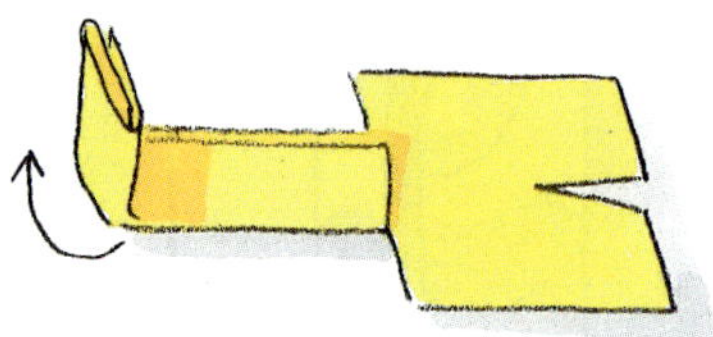

3. Knicke das Ende um.

4. Falte die Propellerflügel um.

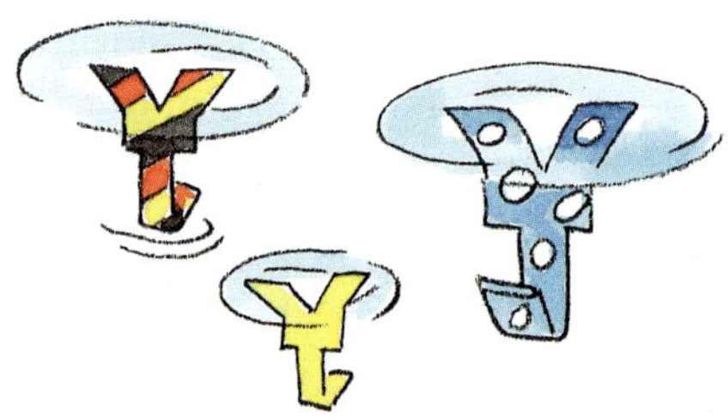

1 Faltet selbst Luftkreisel.

Das könnt ihr auch noch bauen:

Taschentuchfallschirm

Papierflieger

Luftballonrakete

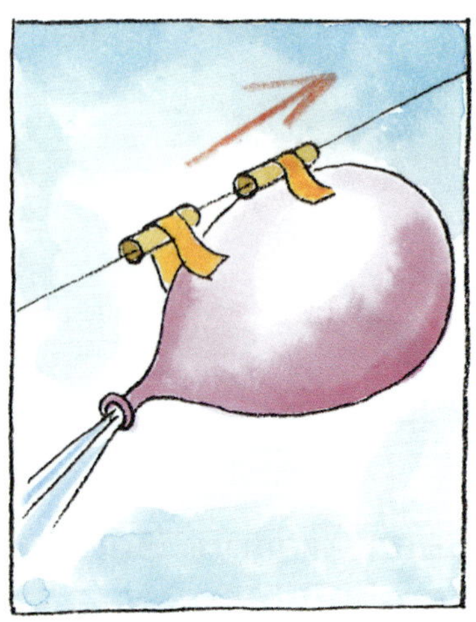

Alle brauchen gute Luft

1 Wo wird hier Luft verschmutzt? Erzählt.

2 Sammle Ideen, was du machen kannst, um die Luft sauber zu halten.

3 Stellt mit euren Ideen, die Luft sauber zu halten, ein Plakat her.

Mit Luft Musik machen

1 Panflöte

- Nimm die Trinkhalme
  und schneide sie in unterschiedlichen Längen ab.
- Klebe sie auf einen Kartonstreifen.
- Blase nun mit deinem Mund über die Öffnungen.

2 Flaschenorgel

- Fülle die Flaschen
  unterschiedlich mit Wasser.
- Blase in die Flaschenöffnung.

3 Grashalmpfeife

- Suche dir einen härteren
  Grashalm.
- Spanne den Halm zwischen
  den beiden Daumen und dem Daumenballen.
- Puste kräftig durch den Spalt.

Denk mal nach ...

Weißt du das?

1 Schreibe in dein Heft, was Luft alles kann.

Hast du das gewusst?

Es gibt Tiere, die sowohl an Land als auch im Wasser leben können. Die Wasserspinne baut aus Spinnfäden eine Art Taucherglocke. Zum Atmen holt sie sich Bläschen voller Luft unter die Taucherglocke.

Probiere aus

Luft braucht Platz.

2 Versuche den Luftballon aufzublasen.

Wiegt Luft etwas?

3 Probiere es aus. Was stellst du fest?

SOMMER

1 Woran erkennst du, dass dies ein Sommerbild ist?
Beschreibe Pflanzen, Tiere und Menschen.

2 Vergleiche das Bild mit den anderen Jahreszeitenbildern auf den Seiten 20/21, 46/47, 66/67.

3 Woran merkt ihr bei euch, dass es Sommer ist?

EIN JAHR

1 Beschreibe die Wiese in den Bildern der Jahreszeiten.

2 Wie verändern sich die Bäume im Laufe des Jahres?

3 In welche Jahreszeit fällt dein Geburtstag?

4 Während des Jahres feiert ihr viele Feste. Auf den Seiten 32 bis 35 findest du einige Feste. In welche Jahreszeiten fallen sie?

Die Jahreszeiten

Der Frühling beginnt im März.
Draußen wird es wärmer.
Die Tage werden länger.
Alle Pflanzen beginnen zu wachsen.
Die Bäume bekommen Blüten und Blätter.

Der Sommer beginnt im Juni.
Er ist die wärmste Jahreszeit.
Die Tage sind lang.
Die Blumen blühen und Früchte werden reif.
Sie fallen von den Bäumen.

Der Herbst beginnt im September.
Es wird kühl. Die Tage werden kürzer.
Früchte werden geerntet.
Die Blätter färben sich bunt.
Sie fallen von den Bäumen.

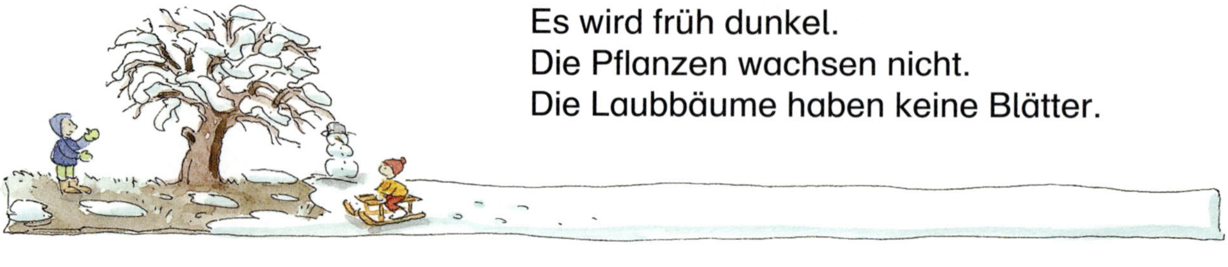

Der Winter beginnt im Dezember.
Er ist die kälteste Jahreszeit.
Es wird früh dunkel.
Die Pflanzen wachsen nicht.
Die Laubbäume haben keine Blätter.

1 Woran erkennst du die Jahreszeiten? Was ist besonders?

2 Wie verhalten sich die Tiere in den Jahreszeiten?

Wie heißen die drei Zahnarten?
Wie kannst du dich vor der Sonne schützen?
Nenne vier Spiele, die du draußen spielen kannst.
Der jüngste Mitspieler darf zwei Felder vorrücken.
Nenne die vier Jahreszeiten.
Du stehst im Schatten eines Mitspielers. Einmal aussetzen.
Welche Farbe hat das Schild Spielstraße?
Nenne vier Teile einer Pflanze.
Du hast Geburtstag.
Du darfst zwei Felder vorrücken.
Frage das Kind neben dir nach seinem Lieblingsspielzeug.
Seife
Wie entfernst du Fettflecken von den Händen?

Bausteine Heimat- und Sachunterricht Bayern 1

Erarbeitet von Herbert Dettweiler, Wolfgang Frank, Gabriele Lommer, Margret Lorenz, Brigitte Schmid, Helmut Schmid, Silke Siegmund, Silvia Startz und Bernhard Utz

Auf der Grundlage von Bausteine Sachunterricht
Herausgegeben von Siegfried Buck, Beate Drechsler-Köhler und Dieter Mutschler
Erarbeitet von Gudrun Aulke, Gisela Buck, Siegfried Buck, Beate Drechsler-Köhler, Wolfgang Haas, Gabriele Hinze, Werner Lüftner, Rainer Mues, Siegfried Müller, Dieter Mutschler, Gisela Papstein, Luitgard Schell und Helge Weinrebe

Illustrationen von Sabine Comes, Markus Humbach, Milada Krautmann, Thomas Müller, Hans-Georg Schmaderer, Angelika Schuberg-Ahrens, Irmtraud Teltau, Petra Theissen, Dorothea Tust und Günter Wongel

Abbildungsnachweis:
dpa Picture-Alliance, Frankfurt/M.: **30.3** (Peter Kneffel), **30.7** (Patrick Pleul), **32.1** (Matthias Hiekel), **32.3** (Winter), **33.1** (Bildagentur Hubert/R. Schmid), **34.2** (Karl-Josef Hildenbrand), **70.1** (F.P. Tschauner); Fotoagentur Lade, Frankfurt: **97.2** (Röring); Hudora GmbH, Remscheid: **45.2, 45.3, 45.4**; Imagine,Hamburg: **64.1** (Explorer); IVB Report: **34.4, 18.1, 18.2, 18.3**; Jung, M. Frankfurt: **25.1, 25.2, 25.3**; Jung, Renate, Wiesbaden: **59.1, 59.2, 59.3, 59.4**; Kohn, Klaus G., Braunschweig: **12.1, 12.2, 12.3, 13.1, 13.2, 13.3, 18.4, 30.4, 30.6, 30.8, 70.1**; Kreuzburg, Armin, Braunschweig: **30.1, 30.2**; Lüftner, Werner, Schlier: **81.1, 81.2, 82.1. 99.1**; Mauritius, Mittenwald: **24.1, 24.2** (Albinger), **24.4** (Reinhard), **77.4** (Schmidt); Okapia, Frankfurt: **75.6; 77.2** (U. Werner), **77.3** (H. Reinhard), **97.1** (Dimpl); Reinhard-Tierfoto, Heiligkreuzsteinach: **77.5, 77.6, 99.2**; Schneiders, T., Lindau: **64.2**; Schuster, Oberursel: **24.3** (Meyers), **32.5** (Ege); Siegmund, Silke, Offenburg: **6.1, 6.2, 6.3, 6.4**; Sperling, Klaus, Braunschweig: **30.5**; Stadtmuseum Neustadt a. d. Weinstraße: **45.1** (Rolf Schädler); Superbild, München: **32.2, 32.6, 34.1, 34.3**; Trapp, Dr. Fritz, Attnang-Puchheim, Österreich: **44.1, 44.2, 44.3, 44.4**; Utz, Bernhard, Beratzhausen: **48.1, 48.2, 49.1**; Verlag Dr. Hans Peters, Hanau: **75.1, 75.2, 75.3, 75.4, 75.5**; Wildlife, Hamburg: **55.1** (Elsner), **55.2** (Dressler), **77.1** (Harms), **85.1** (Vollmer), **99.3** (Diez), **99.4** (Harms)

Druck A[1] / Jahr 2007

Alle Drucke der Serie A sind im Unterricht parallel verwendbar.

Redaktion: Renate Jung
Herstellung: Maren Albes, schmidtundweber Konzept-Design, Kiel
Layout und Umschlaggestaltung: Raphaele Mäntele, Büro für Gestaltung, Heidelberg unter Verwendung einer Illustration von Julia Ginsbach
Satz: schmidtundweber, Konzept-Design, Kiel
Druck und Bindung: westermann druck GmbH, Braunschweig

ISBN 978-3-425-**12771**-2